UNITÉ DE RENTE

ET

UNITÉ D'INTÉRÊT.

PARIS, IMPRIMERIE SERRIERE ET Ce, RUE MONTMARTRE, 131.

UNITÉ DE RENTE

ET

UNITÉ D'INTÉRÊT

PAR

ÉMILE DE GIRARDIN.

(EXTRAIT DE LA *PRESSE*.)

PARIS.

LIBRAIRIE NOUVELLE,

15, BOULEVARD DES ITALIENS.

NOVEMBRE 1852.

UNITÉ DE RENTE

ET

UNITÉ D'INTÉRÊT.

L'UNITÉ DE RENTE.

Plus d'une fois, en ces derniers temps, il a été question de ramener les fonds publics 4 1/2 0/0 de 1825, 4 1/2 0/0 de 1852 et 4 0/0, à la même unité, qui serait le 3 0/0.

Mais, comme toujours, des considérations secondaires, faisant fléchir devant elles la rigueur du principe, ont empêché l'accomplissement de cette pensée judicieuse et retardé cette utile et nécessaire transformation.

On a surtout objecté les termes de ce paragraphe du décret du 14 mars 1852, ainsi conçu :

« Pour ce nouveau fonds de 4 1/2 0/0, l'exercice du **DROIT DE REMBOURSEMENT** est *suspendu pendant* **DIX ANNÉES** jusqu'au 22 mars 1862. »

Il est incontestable et incontesté que l'insertion dans le décret du 14 mars 1852 de cette restriction du droit de remboursement a été une faute. Cette restriction n'était point nécessaire. Elle n'a nullement facilité l'opération de la conversion, qui se fût accomplie sans plus ni moins de difficultés en l'absence de ce paragraphe, qui a enchaîné inconsidérément l'avenir, ce qui est un tort grave, surtout en matière de crédit public.

Mais si l'exercice du *droit de remboursement* est suspendu pendant dix années, cette restriction ne s'applique pas au *droit d'arbitrage* entre deux fonds dont l'un laisse subsister au préjudice de l'autre un écart exorbitant.

Le gouvernement est libre, parfaitement libre de transformer en 3 0/0 le 4 1/2 0/0 et le 4 0/0, dès que cette transformation n'implique pour les porteurs de 4 1/2 0/0 aucune nouvelle réduction d'intérêt.

La dette consolidée se divise ainsi qu'il suit :

4 1/2 0/0, création de 1825.........	895,302 fr.
Décret du 14 mars 1852..	157,664,345
4 0/0...........................	2,371,911
3 0/0...........................	64,495,988
Total.............	225,427,546 fr.

Non compris le fonds d'amortissement, s'élevant à 64,545,864 fr.

L'État a donc 225,427,546 fr. d'arrérages à servir, qui représentent, AU PAIR, les sommes suivantes en capital :

4 1/2 0/0 ancien ..	895,302 fr.	soit..	19,895,600.
4 1/2 0/0 nouveau.	157,664,345	»	3,503,652,111
4 0/0	2,371,911	»	59,297,775
3 0/0	64,495,988	»	2,149,866,266
		TOTAL CAPITALISÉ......	5,732,711,752

L'opération d'arbitrage consisterait dans une simple transformation des 4 1/2 et 4 0/0 en 3 0/0.

Cette transformation laisserait aux détenteurs actuels de 4 1/2 et de 4 0/0 les mêmes arrérages à percevoir que ceux qu'ils touchent présentement. Ils n'auraient donc ainsi aucun sujet de se plaindre, puisqu'ils toucheraient en rente 3 0/0 le même revenu qu'en rente 4 1/2 ou 4 0/0.

Le moindre des avantages de cette transformation serait de faire disparaître une anomalie qui tend chaque jour à s'aggraver et que rien ne justifie.

Cette anomalie, c'est l'écart qui existe entre le 3 0/0 et le 4 1/2 0/0, écart qui, jusqu'en juin 1852, avait rarement excédé 4 francs, et qui, depuis cette époque, dépasse 20 francs, ainsi que cela résulte du tableau comparé, dressé le mercredi 10 novembre, et placé à la fin de ces considérations.

L'exagération de cette situation est telle que, pour acheter 3,000 francs de rente 3 0/0, il faut débourser.. . . . . 84,850 fr.

Tandis que, pour 3,000 francs de rente 4 1/2 0/0, il ne faut que. . 71,330 fr.

Différence. . . . 13,520 fr.

De même, pour acheter 4,500 francs de rente 4 1/2 0/0, il suffit de débourser. . . . . 107,000 fr.

Tandis que, pour le même achat en 3 0/0, il faudrait. . . . . . . 127,270 fr.

Différence. . . . 20,270 fr.

Une pareille situation, jointe à des reports exorbitants, qui équivalent à un intérêt de 12 à 20 0/0, rend inévitable une CRISE ou une RÉFORME.

Le moyen de faire disparaître cet écart, qui détruit l'unité d'intérêt, c'est de transformer en 3 0/0 le 4 1/2 et le 4 0/0.

La conséquence de cette transformation serait d'élever de 64,495,988 francs à 225,427,546 francs la masse du 3 0/0. Il serait possible que, par suite de cette augmentation subite de la pesanteur de sa masse, plus que triplée, le 3 0/0 tombât au-dessous du cours qui marque l'écart de 20 francs 27 cent. entre ce fonds et le 4 1/2 0/0 ; mais cette baisse accidentelle ne serait que de très courte durée. Elle pourrait être justement comparée à l'élan en arrière qu'on prend afin de sauter plus loin en avant. Le 3 0/0 français ne tarderait pas à se relever énergiquement sous la pression du 3 0/0 anglais, qui a dépassé le pair ; car, encore une fois, il n'y a aucune raison, absolument aucune, pour que le 3 0/0 français, n'ayant plus à remorquer le poids de 157 millions de 4 1/2 0/0, restât au-dessous du 3 0/0 anglais.

La dette britannique représente en 3 0/0, au pair, un capital de 19 milliards.

La dette française ne représenterait en 3 0/0, au pair, qu'un capital de 7 milliards et demi.

Conséquemment, si l'un des deux fonds devait l'emporter sur l'autre, ce serait logiquement le 3 0/0 français, puisqu'il serait de 60 0/0 moins lourd que le 3 0/0 anglais.

L'adoption en principe et en fait de l'unité de rente serait donc incontestablement une grande et féconde mesure financière qui aurait ce double résultat :

Premièrement, d'élever de 15 0/0 le cours de la rente française ;

Deuxièmement, d'abaisser, naturellement et sans décret, le taux de l'intérêt dans toutes les transactions.

CONTRE L'UNITÉ DE RENTE.

On convient que le 4 1/2 0/0 est délaissé sur le marché.

On convient qu'il est de 20 fr. en arrière sur le 3 0/0, puisque 4,500 fr. de rente 3 0/0 coûtent à acheter 127,270 fr., tandis que 4,500 fr. de rente 4 1/2 0/0 ne coûtent à acheter que 107,000 fr.

On convient que c'est le 3 0/0 qui remorque le 4 1/2 0/0.

On convient enfin que le 4 1/2 0/0 paralyse le 3 0/0, et que, si l'unité de fonds était établie, le 3 0/0 ne tarderait pas à s'élever rapidement au pair, ce qui aurait sur le mouvement des transactions commerciales une influence immense, et ce qui permettrait de *consolider* la dette foncière sans difficulté et sans complication.

Mais on objecte, contre la transformation du 4 1/2 0/0 en 3 0/0, rente pour rente, c'est à dire

4,500 fr. de rente 4 1/2 0/0 contre 4,500 fr. de
rente 3 0/0, que cette opération, exclusivement
avantageuse aux porteurs de 4 1/2 0/0, serait préjudiciable à l'État, attendu qu'au lieu d'avoir à
rembourser 100,000 fr. de capital pour 4,500 fr.
de rente 4 1/2 0/0., l'État aurait à rembourser
150,000 fr. de capital pour 4,500 fr. de rente
3 0/0. — Différence, au préjudice du Trésor,
50,000 fr. par 4,500 fr. de rentes transformées,
soit UN MILLIARD SEPT CENT QUATRE-VINGT-UN MIL-
LIONS 439,780 francs (1) sur la totalité des fonds
4 1/2 0/0 et 4 0/0, remboursables à raison de

---

(1) **DETTE PUBLIQUE.**

	ARRÉRAGES.	CAPITAL REMBOURSABLE.	
		avant transformation.	après transformation.
4 1/2 0/0 anc. .	895,302	19,895,600	29,843,400
4 1/2 0/0 nouv.	157,664,345	3,503,652,111	5,255,478,166
4 0/0.........	2,371,911	59,297,775	79,063,700
	160,931,558	3,582,845,486	5,364,385,266
3 0/0........	64,495,988	2,149,866,266	2,149,866,266
Totaux....	225,427,546	5,732,711,752	7,514,251,532
Différence..........		1,781,539,780	
Somme égale.......		7,514,251,532	

100,000 fr. par 4,500 fr. de rente 4 1/2 0/0, et
4,000 fr. de rente 4 0/0.

Loin d'être arrêté par cette objection, à laquelle
je m'étais si bien attendu que c'est moi qui la suppose et vais au devant d'elle, j'y trouve, au contraire, un motif concluant en faveur de l'extinc-
tion des 4 1/2 et 4 0/0, et de la transformation
de ces fonds anarchiques en 3 0/0, fonds unique.

Ce motif concluant, ce serait l'absence de toute
opposition fondée, de toute réclamation légitime
de la part des porteurs de 4 1/2 et de 4 0/0
contre l'utile mesure ayant pour objet l'unité de
rente.

Légalement, l'État n'a pas le droit de rembourser les porteurs de 4 1/2 0/0 avant le 22 mars 1862;
mais strictement, à cette époque, le cours du
4 1/2 0/0, fût-il à 150 fr., le gouvernement aurait le droit de les rembourser au pair. Sans doute
il n'en userait pas, mais enfin il pourrait en user.

Les porteurs de 4 1/2 0/0, recevant 4,500 fr.
de rente 3 0/0 contre 4,500 fr. de rente 4 1/2 0/0,
gagneraient donc à cette opération, *dans l'hypothèse du remboursement*, tout ce qu'y perdrait l'É-
tat, c'est à dire UN MILLIARD SIX CENT QUATRE-VINGT-

DEUX MILLIONS 710,155 francs. A la vérité, ils y
perdraient ce que l'État y gagnerait; ce qu'ils y
perdraient, ce serait l'avantage de la suspension
du droit de remboursement pendant 10 années,
aux termes du décret du 14 mars 1852, et ce que
l'Etat y gagnerait, ce serait l'avantage de rentrer
dans la possession de ce droit, inconsidérément
aliéné par un excès de précaution.

Mais il y a des hypothèses qui deviennent des
chimères aussitôt qu'elles passent du domaine des
raisonnements pour entrer dans le domaine des
faits.

L'hypothèse du remboursement est une de ces
hypothèses; je l'écarte donc, parce que tout écrivain sérieux doit supposer qu'il s'adresse à des lec-
teurs sérieux.

L'alternative entre le remboursement du capital d'une dette consolidée ou la réduction de
l'intérêt de cette dette n'est jamais qu'une option
fictive; si l'offre de remboursement devait être
généralement acceptée, elle ne serait jamais faite.
Lorsqu'un gouvernement place les rentiers dans
cette alternative de la réduction de l'intérêt ou du
remboursement du capital, c'est qu'il a choisi le

moment propice, et qu'il est certain, très certain
que la réduction d'intérêt sera acceptée ou subie
par l'immense majorité des détenteurs du fonds
ayant dépassé le pair.

Écartons donc l'hypothèse du remboursement
et, par suite, le chiffre fantastique de 1 milliard
781 millions que paraîtrait perdre le Trésor public, et que paraîtraient gagner les détenteurs
du 4 1/2 et du 4 0/0.

Parlons sérieusement.

Or, si cette hypothèse était sérieuse, le gouvernement qui augmenterait gratuitement ainsi sa
dette de 1 milliard 781 millions sans rien encais-
ser serait un gouvernement insensé et criminel,
et l'écrivain qui lui conseillerait de prendre une
telle mesure ne serait ni moins criminel ni moins
insensé.

A la place de l'hypothèse, mettons la vérité.

La voici.

Les gouvernements offrent de rembourser,
mais ils ne remboursent pas.

Ce qui est très différent.

Encore une fois, cette offre n'est jamais de leur
part qu'une manière *indirecte* de réduire le taux

de l'intérêt, lequel est, en réalité, la seule charge des États ; conséquemment, celle qu'ils doivent s'efforcer constamment d'alléger.

Que leur importe le capital nominal !

Le capital nominal n'est rien.

L'intérêt stipulé est tout.

Le capital nominal d'une dette n'impose à un État aucune charge, lorsque cette dette, consolidée en rente, ne l'assujétit à aucune obligation fixe de remboursement exigible. Il n'y a de charge réelle pour un État que le service régulier de la rente stipulée.

Donc, le remboursement n'étant jamais qu'une fiction, il n'y a point lieu de s'arrêter devant le chiffre plus ou moins élevé du capital à rembourser. Que ce chiffre soit de 5,732,711,752 fr. ou qu'il soit de 7,514,251,532 fr., cela est parfaitement insignifiant.

Or, s'il est vrai que cette différence de 1 milliard 780 millions est purement nominale, et ne coûterait rien à l'État, il est également vrai qu'elle ne rapporterait rien aux détenteurs actuels du 4 1/2 et du 4 0/0.

Point d'illusions !

Tromper est toujours un détestable moyen ; c'est pourquoi je dis aux détenteurs du 4 1/2 et du 4 0/0 : Ne vous abusez pas, et ne comptez point sur un gain calculé dans une hypothèse qui ne se réalisera jamais : —celle du remboursement effectif.

— Mais alors, vont-ils répondre, si nous n'y devons rien gagner, pourquoi nous donnerions-nous la peine de changer nos titres 4 1/2 et 4 0/0 contre des titres 3 0/0? Que nous importe à nous qu'il y ait trois fonds ou qu'il n'y en ait qu'un seul ; que nous importe à nous l'unité de rente, si pour 4,500 francs de rente 4 1/2 0/0 ou pour 4,000 francs de rente 4 0/0, nous n'avons également à recevoir en 3 0/0, dans le premier cas que 4,500 francs de rente, et dans le second cas que 4,000 francs de rente ?

C'est ici qu'est le nœud de l'opération ; c'est ici que l'on sort des fictions pour entrer dans les faits.

A cette apostrophe des détenteurs de rentes 4 1/2 et 4 0/0, je reponds : — Ce qui semble vous importer peu vous importe au contraire infiniment, et je vais vous le démontrer.

2

Porteur d'une inscription de rente de 4,500 francs 4 1/2 0/0, si vous étiez forcé de la vendre demain à la Bourse, est-ce qu'il ne vous importerait pas de la vendre 127,270 francs au lieu de 107,000 francs? (Voir le tableau comparé des fonds 3 0/0 et 4 1/2 0/0 imprimé plus loin et dressé le mercredi 10 novembre.)

— Oui, certainement, puisque j'y gagnerais 20,270 francs, et je les gagnerais, en effet, si le cours du 4 1/2 0/0 correspondait exactement à celui du 3 0/0.

— Donc la hausse vous importe! Donc vous avez intérêt à ce que le 4 1/2 0/0 et le 3 0/0 marchent du même pas, et à ce que le premier de ces deux fonds ne soit pas de 20 fr. 27 c. en arrière sur le second.

Pourquoi le 4 1/2 0/0, qui devrait être, à intérêt égal, coté à 127 fr. 27 c. lorsque le 3 0/0 est coté à 84 fr. 85 c., n'est-il coté qu'à 107 fr.? En d'autres termes, pourquoi 4,500 fr. de rentes 4 1/2 0/0 valent-ils 20,270 fr. de moins que 4,500 fr. de rentes 3 0/0? — C'est que le 4 1/2 0/0 a franchi le pair, tandis que le 3 0/0 ne l'a pas atteint. Donc les porteurs de rentes 4 1/2 0/0 ont un incontestable et considérable intérêt à échanger une rente AU-DESSUS du pair contre une rente AU-DESSOUS du pair. Aussi, le jour où cet échange leur sera proposé, devront-ils s'empresser et s'empresseront-ils de l'accepter à l'unanimité.

Je suppose cet échange proposé, et je le suppose effectué.

Au lieu de trois fonds, rompant l'unité d'intérêt, au lieu de 4 1/2 0/0, de 4 0/0 et de 3 0/0, il n'y a plus qu'un seul fonds ; il n'y a plus que le 3 0/0.

Le 3 0/0, fonds AU-DESSOUS du pair, fonds propulsif, fonds élastique, n'ayant plus à remorquer péniblement le 4 1/2 0/0, fonds AU-DESSUS du pair, fonds répulsif, fonds paralytique, prend immédiatement son essor vers le pair; il le prend d'autant plus facilement que c'était le fonds le moins pesant qui avait à traîner après lui le fonds le plus lourd, relativement à la grosseur comparée de leur masse respective, 64,495,988 fr. de rentes 3 0/0 AU-DESSOUS du pair ont aujourd'hui à remorquer 158,559,647 fr. de rentes 4 1/2 0/0 AU-DESSUS du pair.

A cette hausse, ayant pour cause l'établissement de l'unité de rente, tout le monde gagne :

Les porteurs de rente 4 1/2 0/0 ;
Les porteurs de rente 4 0/0 ;
Les porteurs de rente 3 0/0 ;
Le commerce ;
L'industrie ;
La propriété foncière ;
Le travail salarié ;
L'État.

Les porteurs de rente 4 1/2 0/0 et de 4 0/0 y gagnent toute la suppression de l'écart exorbitant qui existe entre ces fonds et le 3 0/0 ;

Les porteurs de rente 3 0/0 y gagnent toute la hausse due à l'augmentation d'une force ascensionnelle qui est restreinte par l'inextricable complication de l'inégalité d'intérêt de trois fonds : l'un près du pair, le second un peu au-dessus du pair et le troisième fort au-dessous ;

Le commerce et l'industrie y gagnent de pouvoir se procurer de l'argent plus facilement et à meilleur compte, car l'expérience a constaté que le taux de l'escompte tend d'autant plus à

baisser que le cours de la rente tend d'autant
plus à s'élever ;

La propriété immobilière y gagne de se sous-
traire au péril et à la ruine de l'expropriation,
car avec le 3 0/0 au pair rien de plus facile que
de *consolider* la dette hypothécaire , et que de
réduire de près de moitié l'intérêt dispropor-
tionné qu'elle paie ;

Le travail salarié y gagne la hausse de salaire
que produit toujours la baisse de l'intérêt ;

L'État y gagne un accroissement de revenu ,
puisque l'impôt direct est proportionnel à la fortune et que l'impôt indirect est proportionnel
à la consommation. Augmenter la fortune des
uns et la consommation des autres , c'est en-
richir l'État.

Tel est l'avantage de la hausse des fonds publics, qu'hormis les joueurs à la baisse tout le
monde y gagne, et que, pour y gagner, point
n'est besoin de jouer à la hausse.

Donc tout ce qui fait obstacle à la hausse est
funeste et ne saurait trop tôt disparaître.

Le 4 1/2 et le 4 0/0 entravant manifeste-
ment l'essor du 3 0/0, ces deux traînards du

crédit public doivent conséquemment être réformés sans hésitation, sans retard et sans demi-mesure.

J'appelle *demi-mesure* tout système bâtard qui marchanderait les porteurs de 4 1/2 0/0 ; qui proposerait de leur racheter le délai de dix années qui, aux termes du décret du 14 mars 1852, les garantit contre toute réduction d'intérêt avant le 22 mars 1862, moyennant un certain nombre d'annuités qu'il serait impossible de débattre contradictoirement, qu'il faudrait donc leur imposer.

Transformation pure et simple de la rente 4 1/2 0/0 en rente 3 0/0 : c'est à dire 4,500 fr. de rentes 4 1/2 0/0 contre 4,500 fr. de rente 3 0/0 ; voilà le vrai, voilà le simple !

Sur cette base, l'unité de rente peut s'opérer, en un jour, au moyen d'un décret n'ayant qu'un article.

Cette opération utile, nécessaire, avantageuse à tous les intérêts, sans en excepter un seul, est impérieusement réclamée par l'honneur financier de la France.

N'est-ce pas une honte pour la France que

d'avoir du 4 1/2 0/0 à 107 fr., lorsque le 3 0/0 anglais est à 100 fr. 5/8 ?

N'est-ce pas une honte pour la France que 4,500 fr. de rente 3 0/0 se vendent, à la bourse de Londres, 150,800 fr., tandis que 4,500 fr. de rente 4 1/2 0/0 ne se vendent, à la bourse de Paris, que 107,000 fr.; différence, 42,000 fr.?

N'est-ce pas une honte pour la France qu'elle paie encore plus de 4 0/0 d'intérêt, lorsque l'Angleterre paie déjà moins de 3 0/0 ?

Dès que cette infériorité peut disparaître, elle ne doit plus subsister, et ne subsistât-elle qu'un seul jour, ce serait un jour de trop.

LE 3 0/0 AU PAIR.

Les observations suivantes doivent être consi-
dérées moins encore comme étant l'expression
de la pensée personnelle de M. Lauvray, que
comme étant l'écho des opinions de la Bourse et
de la Banque :

« A M. ÉMILE DE GIRARDIN.

» Permettez-moi, tout en vous félicitant d'avoir pris l'initiative
d'aborder hardiment la question de l'unité de la rente, de vous
adresser quelques observations sur le mode qui, suivant moi, serait le plus convenable pour transformer en 3 0/0 la masse en-
tière du 4 1/2 0/0 et du 4 0/0.

» Cette transformation m'a paru, comme à vous, nécessaire
depuis que la rente 5 0/0 a été convertie en 4 1/2 0/0, avec engagement de maintenir aux porteurs du nouveau fonds l'intérêt
de 4 1/2 0/0 pendant dix ans.

» Cet engagement n'implique pas d'ailleurs, pour le gouvernement, la nécessité de conserver, pendant cette période, la dette
publique sous sa forme actuelle. Le rentier qui recevra strictement 4 francs 50 c. de rente pour 100 francs de capital, jusqu'en

1862, ne peut soulever aucune objection raisonnable contre les combinaisons que l'État peut adopter dès à présent pour rendre définitive, à l'époque indiquée, une nouvelle conversion de 1/2 ou même de 3/4 0/0. Il accepterait avec reconnaissance toute transformation qui, en le laissant jouir de l'intérêt stipulé, lui assurerait, dès à présent, un accroissement certain de capital.

» Il ne faut pas, pourtant, que cette opération devienne onéreuse pour le Trésor, et que l'État consente à rendre plus difficiles dans l'avenir les nouvelles réductions d'intérêt que peut amener l'abaissement du taux de l'escompte. Je ne crois pas, par conséquent, que l'on doive simplement donner à tout porteur de 4 1/2 0/0 une inscription de 3 0/0 égale à celle qu'il possède en ce moment; car le 4 1/2 0/0 représente, pour 4,500 fr. de rente, un capital de 108,000 fr. au cours de 108 fr., tandis que 4,500 fr. de rente 3 0/0, au cours actuel de 86 fr., donne un capital de 129,000 fr.

» Vous-même, monsieur, avez reconnu l'anomalie qui existe entre les cours du 4 1/2 0/0 et du 3 0/0, et vous pensez, avec raison, qu'en formant un seul fonds, on donnerait à la rente française la même élasticité d'ascension qui existe pour les fonds anglais. Mais il serait facile de concilier les intérêts de l'État avec ceux des particuliers, en mettant à exécution d'autres combinaisons pour arriver à l'*unité* de la rente que vous proposez.

» J'ai soulevé le premier, je crois, dans mon *Bulletin financier*, la question d'une transformation du 4 1/2 0/0 en 3 0/0; cette mesure devait consister à donner à chaque porteur de 4 1/2 0/0 de la rente 3 0/0, au cours de 75 fr., ce qui équivalait à du 4 0/0, et chaque rentier aurait reçu en outre, pendant dix ans, des annuités de 1/2 0/0, de manière à parfaire, jusqu'à l'expiration de cette époque, le taux de 4 1/2 0/0 qui lui a été garanti.

» De cette manière, l'État préparait pour 1862 une nouvelle conversion de 1/2 0/0, qui s'effectuerait naturellement et sans secousse, et les rentiers échangeaient une valeur lourde contre un fonds élastique qui devait en tout temps représenter un capital plus élevé que leur 4 1/2 0/0 actuel.

» Ce plan a été accueilli avec beaucoup de faveur par les porteurs de 4 1/2 0/0, qui voyaient les cours de ce fonds perdre du terrain par rapport au 3 0/0. Ils ont compris immédiatement que la lourdeur actuelle du 4 1/2 0/0 était une entrave à l'essor du crédit public, et que la dette, une fois réduite à l'unité d'intérêt devait acquérir une plus grande élasticité et suivre plus facilement l'abaissement successif du loyer des capitaux.

» Depuis qu'il a été question, pour la première fois, de cette grande mesure financière, le 4 1/2 0/0 est sorti de sa stagnation ordinaire et a obtenu une hausse rapide chaque fois qu'on a cru que la transformation allait s'accomplir, et les cours de ces fonds retombaient dans leur inertie lorsque quelques jours se passaient sans que le nouveau plan fût mis à exécution.

» Cette impression favorable des porteurs de 4 1/2 0/0 prouve clairement que la transformation du 4 1/2 0/0 en 3 0/0 serait acceptée avec reconnaissance par tous les rentiers, et s'il est prouvé que l'État et ses créanciers y trouvent également leur avantage, nous ne voyons pas quels motifs pourraient faire hésiter plus longtemps à prendre hardiment cette mesure.

» Nous avons dit plus haut que la combinaison dont il avait été primitivement question consistait à échanger le 4 1/2 0/0 contre du 3 0/0 à 75, en ajoutant dix annuités de 1/2 0/0; mais à cette époque le 3 0/0 était encore coté au-dessous de 80 fr. La hausse

successive des fonds est de nature à modifier les conditions de
l'échange. Plus le prix de la rente 3 0/0 est élevé au-dessus de 75,
plus les porteurs de 4 1/2 0/0 recueilleraient d'avantages de la
mesure ; mais il est juste que l'État profite aussi du progrès de
son crédit, et qu'il prépare dès à présent un nouvel allégement
pour les finances.

» La rente 3 0/0 est parvenue au cours de 86 ; le taux de
l'intérêt tend partout à diminuer ; il n'est plus qu'à 3 0/0 à la
Banque, en attendant que la force des choses le fasse réduire à
2 1/2 0/0, ce qui fait croire que la rente est loin d'être arrivée à
son cours normal. Le temps n'est pas éloigné sans doute où le
cours de 90 sera considéré comme un prix de baisse, et il n'est
nullement déraisonnable d'espérer le voir atteindre au pair et se
niveler avec les consolidés anglais.

» Dans ce cas, il serait facile de préparer dès à présent une
nouvelle conversion pour l'année 1862, sans porter aucun préjudice à l'engagement pris envers les porteurs de 4 1/2 0/0 de conserver cet intérêt pendant dix ans. Supposons que le 8 mars 1853,
c'est à dire le lendemain du détachement du coupon de semestre
(car il ne me paraît pas probable qu'une mesure de ce genre
puisse être adoptée au milieu d'un semestre) ; supposons, dis-je,
que le 3 0/0 soit coté à 75, ce serait gratuitement sacrifier les intérêts de l'État et déterminer sur la masse du 3 0/0 une forte
baisse qui pourrait troubler momentanément la stabilité du crédit
public. Mais on concilierait alors tous les intérêts en donnant
aux porteurs de 4 1/2 0/0 du 3 0/0 à 92 (3 fr. au-dessous du
cours coté) avec la combinaison suivante :

» Le 3 0/0 à 92 représente un intérêt de 3 1/4 0/0.

» L'État, au lieu d'accorder jusqu'en 1862 des annuités de

1/2 0/0 aux anciens porteurs de 4 1/2 0/0, leur donnerait des annuités de 1 1/4 0/0, de manière à ce qu'ils reçussent toujours strictement pendant la période indiquée le taux d'intérêt qui leur a été garanti.

» Mais, comme une année se serait déjà écoulée depuis le décret de la conversion, on n'aurait plus pour attendre 1862 à leur tenir compte que de neuf annuités au lieu de dix.

» En 1862, l'État aurait, sans secousse et sans que personne eût à se plaindre, opéré une nouvelle réduction de 3/4 0/0, et l'ancien 5 0/0 serait converti par le fait en 3 1/4 0/0.

» Mais, dira-t-on, le 3 0/0, qui, au moment où l'échange aura lieu, serait coté à 95, pourrait ensuite éprouver une baisse plus ou moins sérieuse qui ferait perdre une partie de leur capital aux nouveaux porteurs de ce fonds. Cette objection n'est pas sérieuse, car si le 3 0/0 atteignait le cours de 95 fr., on doit supposer qu'au même moment le 4 1/2 0/0 se négocierait aux environs des cours de 117 à 118. Les circonstances pouvant amener la baisse de la rente unique existeraient de même si la dette continuait à rester divisée en 3 0/0 et en 4 1/2 0/0, et les rentiers, devenus porteurs de 3 0/0 par suite de l'échange, ne souffriraient pas plus de la baisse, à la suite de la transformation, que s'ils avaient continué à avoir du 4 1/2 0/0 qui, après avoir monté à 117, pourrait retomber à 110 ou à 105. Il y a tout lieu de croire, au contraire, que la dette publique ainsi reconstituée supporterait plus facilement les incidents qui déterminent les fluctuations des fonds publics, et qu'elle acquerrait cette stabilité que l'on a observée depuis longtemps sur les consolidés anglais.

» ALP. LAUVRAY. »

Entre l'homme de Bourse et l'homme de Crédit, il y a toute la distance qui existe entre l'homme de Bureau et l'homme d'État. L'homme de Bourse et l'homme de Bureau, en abaissant les questions, les compliquent ; l'homme de Crédit et l'homme d'État, en élevant les questions, les simplifient.

Pourquoi M. Lauvray, personnifiant la Bourse, ne veut-il pas que le gouvernement français, reconnaissant la nécessité et les avantages de l'unité de rente, donne 4 fr. 50 c. de rente 3 0/0 en échange de 4 fr. 50 c. de rente 4 1/2 0/0 ?

— *Parce que* 4 fr. 50 c. de rente 4 1/2 0/0, au cours de 108 fr., ne représentent en capital que 108 fr., tandis que 4 fr. 50 c. 3 0/0, au cours de 86 fr., représentent en capital 129 fr.

— Eh bien ! tant mieux pour les porteurs de rente 4 1/2 0/0 s'ils gagnent à cette transformation une différence réalisable de 21 fr., sans que le gouvernement y perde un centime. En effet, est-ce que l'État aurait un centime de plus d'arrérages à sortir semestriellement de sa caisse, soit qu'il eût à payer 4 fr. 50 c. en rente 3 0/0, soit qu'il eût à payer 4 fr. 50 c. en rente 4 1/2 0/0 ?

Est-ce que ce ne serait pas toujours exactement la même somme : 4 fr. 50 c., exigible et payable dans l'un comme dans l'autre cas ? Donc aucun surcroît de charge pour l'État. Est-ce vrai ?

— Oui, cela est parfaitement vrai quant au *service de l'intérêt*, mais cela n'est plus vrai quant au *remboursement du capital*.

— Erreur ! Est-ce que jamais un État, ayant consolidé sa dette, en a remboursé le capital ? Si vous connaissez un État qui ait remboursé le capital de sa dette consolidée, nommez-le-moi. Je l'ai dit et je le répète : *Un État offre toujours de rembourser, mais ne rembourse jamais :* qu'importe donc au gouvernement français, qu'importe donc au Trésor public que 4 fr. 50 c. de rente 3 0/0, au cours de 86 fr., représentent en capital 129 fr., tandis que 4 fr. 50 c, de rente 4 1/2 0/0, au cours de 108 fr., ne représentent en capital que 108 francs ?

Ce qui importe au gouvernement français, c'est de recouvrer au plus tôt le droit de réduction successive de l'intérêt de sa dette qu'il a aliéné par le décret du 14 mars 1852. Ce droit, il ne l'a aliéné pendant dix années qu'en ce qui concerne le 4 1/2 0/0 ; mais il l'a conservé intact en ce qui concerne le 3 0/0. Donc, en transformant le 4 1/2 0/0 en 3 0/0, c'est à dire en donnant 4 fr. 50 c. de rente 4 1/2 0/0 contre 4 fr. 50 c. de rente 3 0/0, il recouvre, sans sacrifice aucun, un droit précieux. Est-ce vrai, oui ou non ?

— Oui, cela est vrai, cela est incontestable.

— Si cela est incontestable, si cela est vrai, pourquoi donc compliquer l'opération, quand elle est simple, par de fausses combinaisons d'annuités arbitraires et de cours fictifs, au lieu de rendre purement et simplement un décret qui pourrait être conçu en ces termes :

« Considérant que l'unité de rente, avantageuse à tous les intérêts, n'est préjudiciable à aucun, et n'impose à l'État aucune dépense nécessitant le vote législatif d'un crédit, il est décrété ce qui suit :

» A partir du 22 décembre prochain, il n'y aura plus d'autres titres de rente française que des titres de rente 3 0/0.

» Les anciens titres de rente 4 0/0 et 4 1/2 0/0 seront échangés contre de nouveaux titres de rente 3 0/0, ainsi qu'il suit :

» 4 fr. de rente 4 0/0 contre 4 fr. de rente 3 0/0 ;

» 4 fr. 50 c. de rente 4 1/2 0/0 contre 4 fr. 50 c. de rente 3 0/0 ;

» Il sera tenu compte aux porteurs de rentes transformées de la portion d'intérêts échus du 22 septembre dernier au 22 décembre prochain.

» A dater du 22 décembre 1852, le paiement des rentes aura lieu par trimestres (1), savoir :

» Les 22 décembre,

»   22 mars,

»   22 juin,

»   22 septembre. »

A ce décret, aussi facile à rendre que facile à comprendre de tous les rentiers, auxquels il n'imposerait aucun effort d'intelligence, quelle objection fondée pourrait-on faire?

En résumé, la question de l'unité de rente se réduit à ces termes fort simples :

Le gouvernement a aliéné, jusqu'au 22 mars 1862, le droit de réduire l'intérêt de la rente 4 1/2 0/0; mais il n'a pas aliéné le droit de réduire l'intérêt de la rente 3 0/0; conséquemment, en donnant 4 fr. 50 c. de rente 3 0/0 contre 4 fr. 50 c. de rente 4 1/2 0/0, il rentre dans l'exercice du droit qu'il avait aliéné; il y

---

(1) Le paiement de ces arrérages en quatre termes égaux de 56 millions ferait rechercher plus avidement encore le placement en rentes sur l'État par une foule de petits placeurs à qui il est difficile d'attendre d'un semestre à l'autre.

rentre SANS SACRIFICE AUCUN et avec profit pour
tous.

Pourquoi donc marchander ?

Pourquoi donc, puisqu'on le peut, ne pas
faire marcher tout de suite de pair le 3 0/0
anglais et le 3 0/0 français, afin que le jour où
le premier de ces deux fonds se convertira en
2 1/2 0/0, le second puisse le lendemain exé-
cuter la même opération ?

Élever le capital nominal de la rente, c'est
faire concourir la puissance même du crédit à la
réduction de la dette.

ÉLEVER LE CAPITAL DE LA RENTE, c'est accroître
la richesse nationale ; RÉDUIRE L'INTÉRÊT DE LA
DETTE, c'est diminuer le budget annuel, conséquemment la contribution prélevée sur le travail.

L'unité de rente, telle que je la propose, c'est
le 3 0/0 AU PAIR ; c'est la richesse publique ac-
crue de UN MILLIARD HUIT CENT MILLIONS, sans
augmentation de charge pour le Trésor, au contraire, avec la perspective d'une prochaine réduction d'arrérages ; c'est à la fois la baisse de l'intérêt et la hausse du salaire, ces deux conditions
normales de toute prospérité réelle et durable.

La conclusion est donc qu'il faut faire sans hésitation l'unité de rente, si l'on veut élever sans retard le 3 0/0 au pair.

L'OPÉRATION LA PLUS SIMPLE.

Est-il vrai que si l'État offrait 4 fr. 50 c. de
rente 3 0/0 contre 4 fr. 50 c. de rente 4 1/2 0/0
à tous les porteurs de ce dernier fonds, tous accepteraient avec empressement, puisque 4 fr. 50 c.
de rente 3 0/0, au cours de 86 fr., représentent
en capital 129 fr., tandis que 4 fr. 50 c. de rente
4 1/2 0/0, au cours de 108 fr., ne représentent
en capital que 108 fr. ?

— Oui.

Est-il vrai que l'État, qui s'est interdit jusqu'au
22 mars 1862 le droit de réduire l'intérêt du
4 1/2 0/0, ne s'est pas interdit le droit de réduire l'intérêt du 3 0/0 ?

— Oui ?

Est-il vrai qu'accepter 4 fr. 50 c. de rente
3 0/0 contre 4 fr. 50 c. de rente 4 1/2 0/0, c'est
renoncer à l'exception stipulée dans le décret du

14 mars 1852, c'est rentrer dans le droit commun, c'est enfin accepter le risque d'une réduction d'intérêt de 3 0/0 à 2 1/2 0/0 , le jour où le 3 0/0 aurait dépassé le pair?

— Oui?

Est-il vrai qu'intrinsèquement le 3 0/0 français vaut le 3 0/0 anglais?

— Oui.

Est-il vrai qu'il ne s'écoulera pas dix années avant que le 3 0/0 anglais, qui est à 100 5/8, soit converti en 2 1/2 0/0?

— Oui.

Est-il vrai qu'à l'époque où le 3 0/0 français et le 3 0/0 anglais seront cotés, l'un et l'autre, au même cours *au-dessus du pair*, il n'y aura aucun motif, si le 3 0/0 anglais est converti en 2 1/2 0/0, pour que le 3 0/0 français ne soit pas également converti en 2 1/2 0/0?

— Oui.

Est-il vrai que si cette conversion de 3 0/0 en 2 1/2 0/0 avait lieu en 1853, l'État, étant rentré dans l'exercice du droit aliéné jusqu'au 22 mars 1862 par le décret du 14 mars 1852, y gagnerait de n'avoir plus à payer chaque année que

199 millions d'arrérages au lieu de 225 millions, différence par an 26 millions; soit sur 9 années — de 1853 à 1862 — la somme de 234 millions?

— Oui.

Est-il vrai que le jour où la France et l'Angleterre réduiraient à 2 1/2 0/0 l'intérêt de leur dette 3 0/0, les porteurs de ce fonds accepteraient cette nouvelle réduction, comme ils ont accepté toutes les réductions précédentes, sans exiger le remboursement de leur argent, qu'ils ne sauraient comment placer autrement?

— Oui.

Donc l'État, réduisant EFFECTIVEMENT l'*intérêt*, mais ne remboursant que FICTIVEMENT le *capital*, opérant sur le premier des deux termes sans s'occuper du second, n'aurait fait absolument aucun sacrifice en donnant 4 fr. 50 c. de rente 3 0/0 contre 4 fr. 50 c. de rente 4 1/2 0/0. Est-ce vrai?

— Oui.

Donc l'État y gagnerait l'économie annuelle de 26 millions, résultant de la réduction d'intérêt de 1/2 0/0 opérée sur le 4 1/2 0/0 avantageusement transformé en 3 0/0. Est-ce encore vrai?

— Oui.

Est-il vrai que le porteur de 4 fr. 50 c. de rente 4 1/2 0/0 ayant reçu en échange 4 fr. 50 c. de rente 3 0/0, et pouvant vendre à la Bourse ce dernier fonds plus cher que le premier, gagnerait tout ou partie de l'écart, qui est actuellement de 21 fr. ?

— Oui.

— Est-il vrai que cet accroissement de capital ne serait pas payé par l'État au rentier, mais par l'acheteur au vendeur ?

— Oui.

Est-il vrai que si le 3 0/0 s'élevait du cours actuel (86 francs) au pair nominal (100 francs), tous les détenteurs de 3 0/0 y gagneraient 14 fr. de capital par 3 fr. de rente, soit sur 64,495,988 fr. de rente 3 0/0, un accroissement de capital de 300,981,274 fr. ?

— Oui.

Est-il vrai que cet accroissement de capital de 300 millions ne coûterait rien à l'État ?

— Oui.

Eh bien ! ce qui serait vrai pour le 3 0/0 s'élevant du cours actuel au pair nominal ne

serait pas moins vrai pour le 4 1/2 0/0 va-
lant, par suite de sa transformation en 3 0/0,
5,285,321,566 fr., au lieu de 3,523,547,711 fr.;
soit en sus : 1,761,773,855 francs.

La réalisation de l'unité de rente ayant pour
effet d'élever le 3 0/0 au pair : les détenteurs de
rente française 4 1/2 0/0, 4 0/0 et 3 0/0 y gagneraient la possibilité de réaliser une augmentation de capital de 1,781,439,780 francs, laquelle ne coûterait rien au Trésor public ; l'État
y gagnerait la probabilité d'avoir 26 millions
d'arrérages de moins à servir chaque année par
suite de la conversion du 3 0/0 en 2 1/2 0/0,
lorsque le moment serait venu de l'opérer à Paris
en même temps qu'à Londres.

Augmentation réalisable de capital pour les
rentiers, réduction probable d'intérêt pour l'État :
telle est donc, en résumé, cette opération qu'on
peut appeler la plus simple.

L'UNITÉ D'INTÉRÊT.

Ce qu'on a l'usage d'appeler *intérêt* se compose de deux éléments :

Du loyer du capital prêté ;

Du risque de non-remboursement du capital emprunté.

Si l'on en retranche le risque, variable à l'infini, le taux normal de l'intérêt est le taux d'escompte de la Banque de France.

A quel taux la Banque de France escompte-t-elle ?

A 3 0/0.

Donc la rente 3 0/0 devrait être à 100 fr., son pair nominal, moins le risque de fluctuation ; évaluer ce risque à 5 0/0, ce devrait être lui faire une part considérable.

Donc la propriété foncière produisant 3 0/0 *net*, impôts payés, devrait pouvoir emprunter couramment à l'intérêt de 3 0/0 toute sa valeur, moins le risque de dépréciation et d'expropriation ; évaluer ce risque à 10 0/0, ce devrait être également lui faire une part considérable, si la valeur vénale de toute propriété rurale n'excédait jamais le rapport du capital au revenu moyen, dûment justifié à 3 0/0, et capitalisé en le multipliant par 30.

Tandis que la Banque de France prête à 3 0/0 sur dépôt d'actions de chemins de fer jusqu'à concurrence de 60 0/0 de la valeur, la propriété foncière, n'empruntant que 50 0/0 du capital réalisable qu'elle représente, paie encore l'argent dont elle a besoin de 4 à 5 0/0, plus 1 0/0 de droit d'enregistrement et 1 0/0 d'honoraires de notaire. Les valeurs immobilières empruntent donc à un taux beaucoup plus élevé que les valeurs mobilières. Ainsi s'explique pourquoi la hausse rapide des valeurs mobilières est sans proportion avec la hausse lente des valeurs immobilières.

C'est l'anarchie de l'intérêt.

Tous les rapports sont faussés.

Pourquoi la Banque de France prête-t-elle à 3 0/0 sur valeurs mobilières, tandis que la Banque foncière prête à 4 1/2 0/0 sur valeurs immobilières offrant un gage incontestablement plus certain?

Pourquoi 4,500 fr. de rente 3 0/0 coûtent-ils

à acheter 20,000 fr. de plus que 4,500 fr. de rentes 3 0/0?

Est-ce que le 3 0/0 est plus solide que le 4 1/2 0/0? Est-ce que l'un et l'autre de ces deux fonds ne reposent pas tous les deux sur la même et unique garantie : — le recouvrement de l'impôt? Y a-t-il une raison pour que le 3 0/0 coûte plus cher que le 4 1/2 0/0? — Il n'y en a aucune; car, si le 3 0/0 est encore à 15 fr. au-dessous du pair, ce qui éloigne le risque de remboursement et de réduction d'intérêt, le 4 1/2 0/0 est garanti contre ce risque, pendant dix années, par le décret du 14 mars 1852. Or, il y a lieu de présumer que, bien avant ce terme de dix années, le 3 0/0 aura atteint et dépassé le pair : donc, si l'on raisonnait juste, l'écart des deux fonds, qui est de 20 fr., devrait avoir lieu en sens inverse; ce serait le 3 0/0 qui devrait valoir moins que le 4 1/2 0/0?

Objectera-t-on que s'il est vrai que l'amortissement ait été détourné de sa destination, il y peut être ramené, et que, dans ce cas, il pourrait opérer avec sa puissance de dotation de 1 0/0 sur le 3 0/0 *au-dessous* du pair, tandis qu'il ne pourrait pas opérer sur le 4 1/2 0/0 *au-des-*

sus du pair ? — A cette objection, voici la réponse : Premièrement, l'époque où l'alignement entre les recettes et les dépenses du budget permettra de rendre à l'amortissement sa liberté d'action est si lointaine qu'il est difficile et presque impossible de l'apercevoir ; deuxièmement, cette éventualité se réalisât-elle, que l'action de l'amortissement serait neutralisée par le risque de réduction d'intérêt ou de remboursement qu'elle rendrait plus prochain et plus menaçant.

Donc, à quelque point de vue qu'on se place, il est impossible d'expliquer comment le 4 1/2 0/0, garanti pendant dix années contre le risque de réduction d'intérêt ou de remboursement, vaut 20 francs de moins que le 3 0/0, qui n'est garanti par aucun décret, et sur lequel, à son insu, la réduction du taux d'escompte de la Banque de France exerce une pression qui ne peut manquer d'avoir pour effet de le faire monter, dans un délai peu éloigné, à un taux très voisin du pair nominal.

Pour s'accomplir d'elle-même, l'unité d'intérêt n'a besoin que d'une seule chose : c'est d'être dégagée de tout ce qui lui ôte sa liberté d'action, rend compliqué ce qui serait simple, et obscur ce qui serait clair.

L'anarchie dans le gouvernement et l'anarchie dans la rue ayant disparu, ne serait-il pas temps que disparussent également l'anarchie dans l'impôt et l'anarchie dans l'intérêt?

Une preuve éclatante de cette anarchie d'intérêt est celle qui résulte du compte-rendu de la *Caisse des retraites pour la vieillesse.* Fondée le 11 mai 1850, cette Caisse possédait, le 31 décembre, 1,212,000 fr. Elle a reçu, pendant les trois premiers trimestres de l'année, 21,000,000, et elle possédait, le 30 septembre dernier, un capital de 22,572,000 fr. Ce capital est représenté, dans le portefeuille de la caisse, par 1,006,000 fr. de rentes sur l'État. Chaque jour de nouvelles épargnes lui sont confiées, qu'il lui faut convertir en achats de rentes françaises. Or, elle ne peut, en vertu de ses statuts, *prendre des rentes au-dessus du pair,* ce qui l'oblige d'acheter du 3 0/0 au cours de 85 fr., de préférence à du 4 1/2 0/0 au cours de 107 fr., lorsqu'il ressort du tableau comparé, dressé le mercredi 10 novembre, que du

3 0/0, au cours de 84 fr. 85 c., correspond à du 4 1/2 0/0 au cours de 127 fr. 27 c.; — perte, 20,270 fr. sur chaque achat de 4,500 fr. de rente 3 0/0. Est-il donc tout simple que la Caisse des retraites pour la vieillesse perde 20,270 fr. toutes les fois qu'elle achète 4,500 fr. de rentes 3 0/0, au lieu d'acheter 4,500 fr. de rentes 4 1/2 0/0?

L'intérêt ne devant être rationnellement que le rapport exact entre le revenu net et le capital réalisable, plus le risque, le risque seul doit varier, l'intérêt doit être invariable.

Il ne devrait y avoir aucune différence sensible entre le taux d'escompte de la Banque de France, le prix de la dette inscrite et l'intérêt de la dette foncière.

Le taux d'escompte de la Banque de France étant 3 0/0, la propriété foncière devrait pouvoir emprunter à ce taux, plus les frais de négociation, tout l'argent dont elle aurait besoin jusqu'à concurrence de sa valeur réalisable, et le 3 0/0 français devrait valoir le 3 0/0 anglais qui est à 100 fr. 5/8.

ÉCART DES DEUX FONDS,

3 0/0 et 4 1/2 0/0,

	3 0/0 Dernier cours de chaque liquidation.		ÉCART.		Valeur relative que le 3 0/0 devrait avoir pour être au même prix que le 5 0/0.	
1851.						
Janvier........	57	95	»	04 inverse.	57	99
Février........	57	90	»	12 inverse.	58	02
Mars..........	57	25	1	12	56	04
Avril..........	55	80	1	80	54	»»
Mai...........	55	95	1	60	54	35
Juin..........	56	50	»	16	56	34
Juillet........	57	40	»	08 inverse.	57	48
Août.	56	20	»	20 inverse.	56	40
Septembre...	55	90	»	02	55	08
Octobre.......	55	95	1	65	54	33
Novembre....	56	50	1	45	54	05
Décembre.....	70	»»	8	14	61	86
1852.						
Janvier.......	64	10	2	72	61	38
Février.......	65	45	3	47	61	98

Conversion du 5 0/0 en 4 1/2 0/0.

(Décret du 14 mars 1852.)

	3 0/0 Dernier cours de chaque liquidation.		ÉCART.		Valeur relative que le 3 0/0 devrait avoir pour être au même prix que le 5 0/0.	
Mars.	71	65	4	52	67	13
Avril..........	70	70	4	03	66	67
Mai...........	71	60	4	97	66	63
Juin..........	70	50	2	67	67	83
Juillet........	76	30	6	33	69	97
Août.	75	90	6	23	69	67
Septembre...	77	85	8	85	69	»»»
Octobre.......	81	60	11	20	70	40
10 Novembre.	84	85	13	52	71	33

ÉCART DES DEUX FONDS,

3 0/0 et 4 1/2 0/0,

DEPUIS LE MOIS DE JANVIER 1851 JUSQU'A CE JOUR,

MERCREDI 10 NOVEMBRE.

	5 0/0 Dernier cours de chaque liquidation.		ÉCART.		Valeur relative que le 5 0/0 devrait avoir pour être au même prix que le 3 0/0.	
1851.						
Janvier......	96	65	»	07	96	58
Février......	96	70	»	20	96	50
Mars........	93	40	2	02	95	42
Avril........	90	»	3	»	93	»
Mai.........	90	55	2	70	93	25
Juin........	93	90	»	27	94	17
Juillet.....	95	80	»	13	95	67
Août.......	94	»	»	33	93	67
Septembre..	91	80	1	37	93	17
Octobre.....	90	55	2	70	93	25
Novembre...	91	75	2	42	94	17
Décembre...	103	10	13	56	116	66
1852.						
Janvier.....	102	30	4	53	106	83
Février.....	103	30	5	78	109	08

Conversion du 5 0/0 en 4 1/2 0/0.

(Décret du 14 mars 1852.)

	5 0/0 Dernier cours de chaque liquidation.		ÉCART.		Valeur relative que le 5 0/0 devrait avoir pour être au même prix que le 3 0/0.	
Mars........	100	70	6	77	107	47
Avril........	100	»	6	15	106	05
Mai........	99	95	7	45	107	40
Juin........	101	75	4	»	105	75
Juillet......	104	95	9	50	114	45
Août.......	104	50	9	35	113	85
Septembre..	103	50	13	27	116	77
Octobre.....	105	60	16	80	122	40
10 Novembre	107	»	20	27	127	27

INTÉRÊTS COMPARÉS

Des deux fonds 4 1/2 0/0 et 3 0/0.

```
4 1/2 0/0 à 105 fr. »» c. représentent 4 fr. 28 c. d'intérêt.
   id.      à 107   50       id.      4    18       id.
   id.      à 110   »»       id.      4    09       id.
   id.      à 112   50       id.      4    »»       id.
   id.      à 115   »»       id.      3    91       id.
   id.      à 117   50       id.      3    83       id.
   id.      à 120   »»       id.      3    75       id.
   id.      à 122   50       id.      3    67       id.
   id.      à 125   »»       id.      3    60       id.
   id.      à 127   50       id.      3    53       id.
   id.      à 130   »»       id.      3    46       id.
   id.      à 132   50       id.      3    39       id.
   id.      à 135   »»       id.      3    33       id.
   id.      à 137   50       id.      3    27       id.
   id.      à 140   »»       id.      3    21       id.
   id.      à 142   50       id.      3    15       id.
   id.      à 145   »»       id.      3    10       id.
   id.      à 147   50       id.      3    05       id.
   id.      à 150   »»       id.      3    »»       id.


3 0/0      à  50 fr. »» c. représentent 6 fr. »» c. d'intérêt.
   id.      à  55   »»       id.      5    64       id.
   id.      à  60   »»       id.      5    »»       id.
   id.      à  65   »»       id.      4    62       id.
   id.      à  70   »»       id.      4    28       id.
   id.      à  72   50       id.      4    12       id.
   id.      à  75   »»       id.      4    »»       id.
   id.      à  77   50       id.      3    87       id.
   id.      à  80   »»       id.      3    75       id.
   id.      à  82   50       id.      3    63       id.
   id.      à  85   »»       id.      3    54       id.
   id.      à  87   50       id.      3    43       id.
   id.      à  90   »»       id.      3    33       id.
   id.      à  92   50       id.      3    24       id.
   id.      à  95   »»       id.      3    15       id.
   id.      à  97   50       id.      3    07       id.
   id.      à 100   »»       id.      3    »»       id.
```

9 782019 263324